행복한 치·치·치

행복한 치 · 치 · 치

초판 1쇄 인쇄 2010년 4월 1일
초판 1쇄 발행 2010년 4월 5일

지은이 | 허재옥
펴낸이 | 金泰奉
펴낸곳 | 도서출판 띠앗
등 록 | 제4-414호

편 집 | 박창서, 김주영, 김미란, 이혜정
마케팅 | 김영길, 김명준
홍 보 | 장승윤

주 소 | (우143-200) 서울시 광진구 구의동 243-22
전 화 | (02)454-0492
팩 스 | (02)454-0493
이메일 ddiat@ddiat.co.kr
홈페이지 www.ddiat.co.kr

값 6,000원
ISBN 978-89-5854-075-5 (03810)

허재옥 시집

행복한 치·치·치

도서출판 띠앗

시인의 말

글을 쓰고 싶었습니다.
글을 쓰고 싶다는 충동을 느꼈습니다.
활짝 핀 꽃뿐만 아니라 이울어 줄기만 남은
꽃조차도 사랑하는 마음으로
수식되지 않은 모든 진실한 것들을 이해하며
더 많은 사람들을 사랑하고, 사랑받을 것과
완전한 존재 확인의 글을 쓰고 싶었습니다.

나와 나의 글들이
세월이 흐르면서 나의 기억이 아닌
모든 사람들의 좋은 추억 속의 일부가 된다면
얼마나 좋을까요.
지난 2년간
나의 마음이 깃든 글들을
곱게 모아 보았습니다.

통조림이 아닌 신선한 과일을 선사하고 싶었지만
정말로 모자라는 부분이 많을 것입니다.
끝없는 꾸짖음으로
한걸음 더 나갈 수 있는 저를 만들어 주셨으면
고맙겠습니다.

— 허재옥

차례

시인의 말 ◇ 4

Chapter 1 사랑했고 사랑하며 사랑할 사람입니다

그대 가슴엔 내가 살고 있나봐 ◇ 11
사랑했고 사랑하며 사랑할 사람입니다 ◇ 12
그래줄 수 있지? 나 사는 동안 ◇ 14
꼭 그런 건만 아니야… 넌 어때? ◇ 15
내 기도는 너인걸 ◇ 16
전 이미 오래전에 ◇ 17
보답인걸요 사랑해요 ◇ 18
조금씩 더 당신이 번져옵니다 ◇ 19
사랑 ◇ 20
내 가는 길에 ◇ 21
잘 쓰고 잘 가야지 ◇ 22
인연 ◇ 23
이런 내가 조금도 싫지 않습니다 ◇ 24
불감증 ◇ 25
상관없습니다 ◇ 26
아껴둔 마음 하나 꿈이 실현되다 ◇ 27
당신은 지금부터 얼음입니다 ◇ 28
해바라기로 ◇ 29
정녕 당신 누구신지요 ◇ 30
두려움은 이미 사랑이 될 수 없었다 ◇ 31
우리 사랑 맛나게 ◇ 32
스페이스 ◇ 33
그렇게 사는 거지 그대도 나도 ◇ 34
그 누가 당신만 할까요 ◇ 35

Chapter 2 단, 셀레임은 서비스입니다

단, 셀레임은 서비스입니다 ◇ 39
그대가 내게로 와 준 덕분이지요 ◇ 40
순간 이동 ◇ 41
가위 바위 보 ◇ 42
너는 누구냐 ◇ 43
이상하잖아 ◇ 44
눈 감아 볼까요 ◇ 45
통행금지 ◇ 46
당신의 사랑은 나요 ◇ 47
내마음 ◇ 48
약속 ◇ 49
당신 사랑하는 건요 ◇ 50
근데 말야 나도 그래 ◇ 51
가을 예찬 ◇ 52
보고 싶단 말이야 ◇ 53
그럼 나 보여? ◇ 54
사랑은 알 수 없는 마술인가 봐요 ◇ 55
난 그런 여자야 ◇ 56
나의 파랑새 소리를 아시나요? ◇ 57
혼자여도 함께다 ◇ 58
헌데 알고 있는 단 하나 ◇ 59
요만큼 더 ◇ 60
늘 웃고 싶으니까요 ◇ 61
사랑은 참 나쁘다 ◇ 62
진짜 사랑이야 ◇ 63

Chapter 3 행복한 치 · 치 · 치

행복한 치 · 치 · 치 ◇ 67
가끔씩 넌 나의 연인이 되어 ◇ 68
아침이 올 때 우리는 사랑할 하루를 선물 받아요 ◇ 69
나 외로운 거니 ◇ 70
소박한 너 촛불에게로 이제서야 보았다 ◇ 71
행복 만찬 ◇ 72
새삼인가요 말 놓을 게요 ◇ 73
꿈을 엎어 보는 일 ◇ 74
프로지 난 ◇ 75
그건 상처야 알겠니 ◇ 76
자주 올게… 미안 ◇ 78
가을이 벌써 간다구요 ◇ 79
하늘아, 넌 그래도 이뻐 ◇ 80
삶의 여행 길목에서 ◇ 81
고걸 모르나봐요/감기(1) ◇ 82
동거중/감기(2) ◇ 83
하늘과 가까운 시간을 만나면 ◇ 84
아프지만 길들여지는 거야 ◇ 85
했을 뿐이고… 하고 싶을 뿐이지 ◇ 86
마음만 동동 ◇ 87
음악인걸요 그림인걸요 ◇ 88
지금 난 수술중 ◇ 89
촛불처럼 ◇ 90
세상엔 이쁜 게 참 많아요 ◇ 91
내 고향은 어디쯤에 ◇ 92
사노라니 ◇ 93
오해로… 살다가 이별은 바보짓이다 ◇ 94
내 마음 껐다 ◇ 95

Chapter 4 내 마음에 텅 빈 벤치 하나 있다

따뜻한 동행 ◇ 99
내 마음에 텅 빈 벤치 하나 있다 ◇ 100
눈 덮인 산속은 밤이 되어도 훤하다 ◇ 102
나 아무래도 살림 잘하는 거야 ◇ 104
외로운 것보다 더 외로운 ◇ 106
샤시 고마워유 아마두 맛있을 거유 ◇ 107
아저씨, 낼 밥 없다 ◇ 108
어머니 ◇ 110
그건 또 다른 소중함이지 ◇ 112
100번도 넘게 울었어요 ◇ 113
바라보니 그동안의 날들이 와락~ ◇ 114
친절한 음성만이 하루 종일 들렸다 ◇ 116
일일이 미리 챙겨주시는 어머니 ◇ 118
진짜 사랑입니다 ◇ 120
우리 어머님 우리 아버님 ◇ 121
엄만 지금 설거지 한단다 ◇ 122
아빠를 꼭 닮았어요 ◇ 123
그렇게 오늘도 살아갑니다 출발~ ◇ 124
난 지금 벨리 연습중이다 ◇ 126
우린 옷이 몽땅 젖었다 ◇ 128
그런 꼬마아가씨가 아줌마 되어 이렇게 변했는데 ◇ 130
아, 그녀다 ◇ 132
사랑인데 간섭이래 ◇ 134
아~ 빨래끝~ ◇ 136
오늘 한 건 했어요 ◇ 138
회장님 사랑해요… 그 말은 차마 못했다 ◇ 139

감사의 말 ◇ 142

CHAPTER ♡ 1

사랑했고 사랑하며
사랑할 사람입니다

그대 가슴엔 내가 살고 있나봐

오랜 시간 이야기했나요, 아니랍니다
오랫동안 함께했나요, 아니랍니다

흔히 말하는 오랫동안의 세월도 만남도
사실 없었는 걸요

헌데 참 이상해
내 마음 별이 되길 바랬던 걸 아는 거야
내 마음 외로움에 눈물짓는 걸 아는 거야
내 마음 천국과 지옥을 오가는 걸 아는 거야
내 마음 하나부터 열까지 말 안 해도 아는 거야

난 정작 그대를 한 번도 알아주지 않았는데
그대는 정말 나를 다 아는 거야
아, 그대 가슴엔 내가 살고 있나봐…

사랑했고 사랑하며 사랑할 사람입니다

당신 덕분에 행복합니다
늘 작은 사랑이라 하시었나요
저에겐 너무 큰 사랑인걸요
가슴 설레임… 이 나이에도
아름답다 해야 하는지요
받기만 하는 나의 못난 습성으로
여전히 당신 사랑을 받아만 봅니다

하늘이 파랗게 보여집니다
바람도 포근하게 감싸줍니다
세상이 아름답게 다가옵니다
부족하다 여기며 스스로 조용히 살아온 인생입니다
그러려니 오늘도 살고 있지요
하지만 당신은 저의 꿈을 보여주시는군요

저도 알지 못하는 내 모든 열정들
어찌 당신은 아시는지요
저보다 저를 더 많이 알고 있는
당신 때문에 이 나이에
새삼 염치없이 너무 행복합니다.

이렇듯 살아가다 보면
언젠간 눈 감는 날 오겠지요

분명코 그날이 와도 당신으로 인해 행복하게
눈 감을 수 있을 것입니다

난 당신을 사랑했고 사랑하며
앞으로도 사랑할 사람, 내 당신입니다.
고마워요, 나의 당신!

그래줄 수 있지? 나 사는 동안…

그렇구나… 그랬구나…
가끔은 나도 모르게 다른 생각이 들 때가 있더라구
옳은지 틀린지 모르면서 내 생각만 늘어놓는

적어도 난 내 자신에게 조금도 부끄럽지 않게
살아간다고 자신하지만
그렇게 내 생각이랑 상관없이 가끔은
멍하니 서 있을 때가 있는 걸
엉터리 같은 마음 앞에서
울기도 하며 알 수 없는 먼 길 가려할 때가

있잖아 그럴 때가 오거든
부탁인데 너에게서 한걸음 멀어져
고개 숙인 채 눈물 흘리고 있을지도 몰라

하지만 결국 너를 찾고
너밖에 없다는 마음을 가질 수 있도록
눈물 닦아주는 사람이 그대이길 바래

꼬옥 기다리고 안아주는
당신이길 바래
그래 줄 수 있지? 나 사는 동안…

꼭 그런 건만 아니야… 넌 어때?

내가 너에게 아무 말 안 한다고
마음 식어진 건 아니야

내가 너에게 쫑알쫑알 대는 건
수다쟁이라서가 아니야

내가 커피 한잔 마시는 건
그리움 때문만은 아니야

내가 어디라도 훌쩍 떠나고 싶은 건
답답해서가 아니야

내가 너에게 전화를 하는 건
할 말이 있어서만은 아니야

내가 눈물이 나는 건
슬퍼서만은 아니야

내가 아무도 안 만나고 혼자 있고 싶은 건
꼭 그런 것만은 아니야

가끔은 아주 가끔은
자신도 모르는 일이 있다는 거야…
넌 어때?

내 기도는 너인걸

있잖아 만약에
하나님이 내게
소원이 무엇이냐고
물어 보신다면
난
너를 한번 볼 수 있게 해 달라고
말해 볼까 봐

그래도 널 볼 수 없다면
내 기쁨 빼어
너의 기쁨에 더하고
너의 슬픔 빼어
내 슬픔에 더해 달라고
말해 볼까 봐

때늦은 마음이라 아니된다
하나님이 노하셔도

여전히 난 너를 꼭 한번만
내게 올 수 있게 해 달라고
말해 볼 거다

내 사랑아…

전 이미 오래전에

진정 그대여
나를 생각하시나요
언제나 아침에 눈 뜨시면
제가 보이시나요
잠은 잘 잤는지
밥은 먹었는지
온종일 무슨 생각하는지
그리 궁금하시던가요

진정 그대여
나를 사랑하시나요
언제나 저녁에 잠자리 드시면
제가 그리워지나요
마음 편안한지
아픈 건 아닌지
밤새 좋은 꿈 꾸기만을
그리 빌어 주시는가요

전 이미 오래전부터
그리 생각하고
사랑하고 있었는 걸요

보답인걸요 사랑해요

탁탁 털어 당신 와이셔츠
햇살에 널었어요
파르르 고운 향기
내 마음 상쾌하네요

훌훌 털어 당신의 걱정
희망 속에 걸었어요
랄라랄라 미소 향기
내 마음 행복하네요

기억나요 처음의 마음들
하지만 세상 살다 보니
여러 마음 만나게 되던걸요

여전히 한결같이 든든하게
자리 지켜준 당신 마음에
흔들림 없이 살아갑니다

곱게 살아가는 분명한 이유가
당신의 변함없는 마음에
보답인걸요 사랑해요…

조금씩 더 당신이 번져옵니다

당신을 알고 싶은 것이
몽땅
내 마음 흔들어 대는 게 아니네요

가을하늘 파란 것이 그대로이고
밤하늘 까아만 것이 그대로인걸 보면

하지만
당신 생각하다 보면
어느새
미소 속에 그대 마음 읽게 된단 말이지요

이 가을 하늘 위로 날아가는 파랑새 행방도
어두운 밤하늘에 별 하나의 노래까지

아세요
몽땅 흔들림보담
이 작은 움직임이
진정코
내 고운 사랑임을

조금씩 더 당신이 번져옵니다

사랑

밤새 비가 왔었나 봐요 온몸이 촉촉하게 젖어있는 걸 보면
알 수 없는 일이군요
우산 없이 한없이 맞고 또 맞았던 모양입니다

밤새 그대 왔다 갔나 봐요 한없이 행복한 걸 보면
알 수 없는 일이군요
우린 서로 깊은 사랑을 나누었던 모양입니다

밤새 소리 없이 비가 조용한데
그대가 뜨겁게 오고간 아침을 맞이합니다

하루가 시작되는 아침이 되면
여느 때와 다름없이 창가로 나가봅니다

어제처럼 하얀 밤하늘의 이야기들은 보자기에 싸 옆에 놓고
뽀얀 햇살은 오늘의 희망 보따리를 열어 건네주네요

내 하루가 조용히 넘치지 아니하게 시작하는 건
마음 가득 뜨거운 맑은 수정처럼

여물어 가는 중년의 하나뿐인 내 소중한 사랑을
지켜 가고 있기 때문입니다

내 가는 길에

내 가는 길에
그대 있다고 말하고 싶다
오로지 흔들림 모르는
믿음이 전부로

아침이
하루를 꿈꾸게 하듯이
내 가는 길에
그대를 사랑하게 한다

어쩌다
살아가는 그대 자리 멀다 하여도
아파하지 않으며

시시때때로
운명처럼 인연인 양 볼 수 있기를
보채지도 않으리

내일도 진정으로
내가 살아가는 이유가
그대를 더 사랑하기 위해서이기만을…

잘 쓰고 잘 가야지

웨딩드레스 꿈결같이 나폴나폴
단아하고 단정한 어여쁜 여인 되어
그대에게로 날아갔지

두 팔 벌려 살포시 꽃구름인 양
그대는 사랑스럽게 맞이했지

사랑이야… 사랑

영원하게 살아가자
죽음이란 것에 조용히 항복하는 날까지

바라보며… 약속을

강 건너 산 건너
세월이란 이름으로 흘러 흘러
오늘을 본다

모습이여 세월 속에 변해 가고
마음은 세월 속에 어디만큼인가

이 세상 삶의 선물 그대도 나도
잘 쓰고 잘 가야지… 응

인연

나 너 좋아
많이

그렇게 시작되는 게
인연 아닌 걸 알았습니다

나 너 싫어
이젠

그렇게 끝나는 게
인연 아닌 걸 배웠습니다

인연은 어느새 자신도 모르게
가슴이 먼저 와 이야기하는 거죠

아리송해… 그치
내 마음… 응

자신도 모르게 벌써
가슴 가득 숨 쉴 때 함께하는 것입니다

우리는 그런 소중한 인연인 것입니다
나의 인연 그대여…

이런 내가 조금도 싫지 않습니다

당신이 내 곁에 있다 생각하면
내 마음이 편안해진다는 걸 느꼈습니다

당신의 말 한마디로
힘이 되는 나를 보았습니다

내가 당신으로 인해 하루의 시간들이
움직이고 있음을 알게 되었답니다

나에게 힘든 일이 있다 생각 들면
당신밖에 생각이 나질 않습니다

이미 난 당신의 향기에
익숙해져 버렸나 봅니다

이런 내가 조금도 싫지 않습니다

불감증

하나 둘 곱고 예쁜 당신 마음
시간 흘러 익숙해져
혹
고마움 모르게 되면
그땐 어쩌지요

이 모양 저 모양 멋진 당신 모습
세월 속에 묻혀버려
혹
다정함 잊게 되면
그땐 어쩌지요

내 부족함 차곡차곡 채워주는
소중한 당신 사랑 받다 받다
혹
당연하다 버릇없는 엉터리 되면
그땐 어쩌지요

워낙 심한 나의 불감증으로
당신 아플까봐
점점 걱정입니다

상관없습니다

당신은 나를 모른다지만
더 이상 말씀드릴 게 없답니다
내 곁에 계신 이유가 어쩜 당신은
이미 나를 알고 계신 것이지요

당신은 나를 아신다지만
어쩌면 하나도 알지 못합니다
내 곁에서 다른 걱정 하고 계시니까요
전혀 나를 알지 못하는 거죠

이젠 상관 없습니다
당신이 나를 다 안다 하여도
전혀 모른다 하여도

나는 그대에게 많은 것을
바라지 않으니까요
정녕 함께하시는 이유가
결코 나에겐 전부이니까요

아껴둔 마음 하나 꿈이 실현되다

서투름에 엉금엉금 아무도 볼 수 없었죠
벙어리 가슴 되어 꼭꼭 감췄거든요

아껴둔 마음 하나 있어요

그대가 볼까 하면 혼자 수줍어 숨었죠
그대가 알까 하면 가슴 떨리는 마음들

사랑이라 배웠죠

붉은 마음 꿈 하나 펼쳐보고 싶은 마음
하얀 눈이 내리는 매서운 이 겨울가에

이내 서투른 열정은 어쩔 수 없나 봐요
기어이 오늘은 더한 걸 보면

내 마음 아시나요
내 마음 알았군요
그대가 있어 줄래요
그대가 있어 주세요

작은 내 소망 고운 내 사랑 더 커지도록…

당신은 지금부터 얼음입니다

내가 보고 싶다고요
그럼 얼음입니다

내가 그리워진다고요
그럼 얼음이지요

나를 사랑한다구요
그럼 얼음입니다

내가 얼음 땡 할 때까지
늘 그 마음 그대로 얼음입니다

해바라기 사랑으로
변하지 않으리라는 건 알지만

저만 아껴주는
당신 마음 고운 사랑을 알지만

내가 땡 할 때까지
당신은 지금부터 얼음입니다

기억하세요

해바라기로

난 그 자리 그대로입니다
오고 가는 건 당신이었습니다
난 처음에도
오랜 시간 지난 지금에도
여전히 한자리에만 있었습니다

바람 불어오면
머리 쓸어 올렸구요
비가 내리면
눈물 씻어 보냈어요

여름이다 뜨거운 유혹
가슴에 자리 차지하고 앉아도
가을이다 낙엽 뒹구는
어설픈 외로움 넘쳐나도

꿋꿋하게 그 자리 여전합니다
행여나 안 보이신다 어디에 있나
뒷날이라도 노래하시면
아니 되지요

그대 향한 해바라기로
내일도 그대로일 테니까요

정녕 당신 누구신지요

당신 누구신지요
그 많은 사람들 중에
내 마음에 살며시 들어와
고운 향기 주시네요

당신 누구신지요
험한 세상 눈물일 때
내 마음에 조용히 들어와
밝은 빛 주시네요

인연이 수많다 하여도
단 하나의 사랑으로
세월이 한없이 흐른다 하여도
당신만의 삶으로

넓고 큰 세상이라지만
오직 당신으로
변함이 빠르고 쉽다지만
오직 한마음으로

너무 고마워서 여쭤봅니다
너무 소중해서 여쭤봅니다
정녕 당신 누구신지요

두려움은 이미 사랑이 될 수 없었다

네게로 간다
꿈길 위로 겁도 없이 간다

두려움은
이미 사랑이 될 수 없었다

네가 없는 나라에선
빨간 꿈이 어딨으랴

별똥별이 떨어지고
은하수가 열려진다

그대 마중 오려는가
내 마음은 바빠지고

네가 없는 나라에선
파란 꿈도 없는 거지

네게로 간다
꿈속인 양 붉은 햇살 아래서도

용감하게 간다

우리 사랑 맛나게

넌 냉장고
난 요리사
맨 위칸에 너를 위해 준비했어

우리 사랑 싱거울까봐 각종 소스를 준비했어
우울하니 행복하게 달콤한 크림소스 먹어볼까
내가 요리해 줄게

그 다음 칸엔 속속 간이 들어있는 맛난 젓갈들
배고프니 우리 사랑 부족함 없이 채워질 수 있도록
금방 밥도둑 나오너라 불러보자

그 다음 칸엔 신선한 과일을 준비했어
건강해야지
향긋한 커피 역시 우리 행복 다독다독

좌측 봐 간혹 살다 보면 흔들리기 없기
냉동실에 보관하자
우리 마음 변함없게 꽁꽁

우리 사랑 맛나게…

스페이스

우리 가까운 사이 맞죠

넓은 우주 안에서
의미 없이 지나가는
이름 모를 사람들 틈 사이로
오늘이라는 시간이 그냥
지나 흘러간다 하여도
그게 문제되진 않아

우리는 관심이란 보석 하나
가지고 있으니까

중요한 걸 알았어요
복잡하지 않을래요
딱 꼬집어 이유 없어요
느낄 뿐이죠
멋진 방법도 원하지 않아요
마음 하나면
분명한 사실 하나

우리 가까운 사이 맞죠

그렇게 사는 거지 그대도 나도

하나 되어 만난다 하지
시냇물 흘러 흘러 강가에서
강물 흘러 흘러 바닷가에서

사랑하게 되면 그립다 하지
마음 주고 그 향기 나누고 싶어
나도 아닌 타인도 아닌 이를

되돌아가기 전에 비운다 하지
살다 살다 보면 처음으로
하나 하나 내려놓는 마음으로

그렇게 사는 거지
나도 그대도

그 누가 당신만 할까요

그 누가 당신만 할까요
내 마음 조용히 달래줄 이

그 누가 당신만 할까요
이 모습 허술해도 곱다하실 이

그 누가 당시만 할까요
다정한 사랑의 목소리여

그 누가 당신만 할까요
포근하고 따뜻한 품속 향기가

그래요 당신이기에
저는 이토록 셀레임에

언제까지나
행복이고 싶습니다

CHAPTER ♡ 2

단, 설레임은 서비스입니다

단, 셀레임은 서비스입니다

똑똑똑
그대 마음 안에

똑똑똑
저의 마음만을
배달합니다

주문은 진실이구요
날짜는 사랑이지요

그대가 원하는
마음으로만

아낌없이
배달합니다

신속정확은 필수죠
단, 셀레임은 서비스입니다

그대가 내게로 와 준 덕분이지요

난
그대에게 향기나는 꽃이 되고 싶지만
꽃이 아니란 걸 알았습니다

난
그대에게 노래가 되는 멜로디이고 싶지만
음악이 아니란 걸 알았습니다

어찌하면 좋을까요 마음 아프지만 답이 없습니다
그만 이쯤에서 아무것도 아니구나
생각하게 되었습니다

어느 날
당신은 내게 세상에서 가장 향기나는 꽃보다
은은함을 알게 하시는군요

한마디 말보다 뜨거운 가슴으로
이 세상 맞이하고 보내는 것을
마음으로 꽃도 피고
마음으로 노래도 되는 것을 알게 하시는군요

진정 꽃보다 향기롭게 살겠습니다
진정 음악보다 행복하게 살겠습니다
그대가 내게로 와 준 덕분이지요

순간 이동

짜잔
가고 싶어
네가 있는 나라로

깜박
하는 사이
내 앞에 네가 있는 거지

순간 이동으로 말야

네가 보고 싶단다
네가 그립단다

너를 향한 내 마음은
오늘도 참 부지런하다

가위 바위 보

가위—
응 그래, 언제나
가위처럼
나의 외로움 잘라 내어줘

바위—
응 그래, 지금처럼
바위 되어
나를 힘듦 가운데서 지켜주길 바래

보—
응 그래, 항상
보인 양
나를 언제나 따뜻하게 안아줘

너는 누구냐

가고 오는 세월아
내 어찌 힘없다 하여 바라보나

오고 가는 사랑아
내 어찌 이유를 몰라 바라보나

적어도 떠가는 세월 뒷모습은
또 다른 희망 건넨다 하거늘

기어이 떠나는 사랑 뒷모습은
쓰디쓴 절망 안겨주노니

새로운 날에 묻고자 하네

세월아 넌 누구며
사랑아 너 또한 누구더냐

떠나는 사랑 앞엔
세월 간다 약속함은
아무것도 아니구나

이상하잖아

아이 참…
잠이 오지 않아

커피를 너무 많이
마셨나 보다

아닌 걸 어제랑 같아
늘상 그랬잖아

헌데 왜…
이상하잖아

아 하…
그랬구나

당신 그리움

한잔 더 했구나…

눈 감아 볼까요

눈 감아 볼까요
어때요 금방 그대 가슴에
내가 살아나지요

제가 그대에게 있단 말이지요

나도 그대가 보고파
눈 감아 보았어요
어느새 이렇게 느껴지는 걸요

그대 역시 저에게 계셨군요

노을 지는 외로운 시간이 되어도
아무것도 걱정하지 말아요

지금처럼 눈만 감아 보아요
제가 그대에게 있단 말이지요

통행금지

To. 마음에게

아픔아 기억해
슬픔도 물론이지
오해도 절대
이별 역시 명심하라구

우리 마음에
앞으론 통행금지야

오로지
고운 사랑만 믿는 사랑만
통행할 수 있음을…
알겠니 마음아

From. 마음이

당신의 사랑은 나요

당신은 저에게 사랑을 주셨죠
세상 살아가는 고운 사랑을
고마워요… 오늘

당신이 저에게 사랑을 말했죠
행복하기만을 기쁜 사랑을
고마워요… 오늘

내 가슴에 채우는
당신의 향기가 진할수록
난 행복할 수 있어요

내 가슴 안에 오직
처음부터 지금까지
당신 사랑 바라보며
작은 행복 채워가고 있어요

내 곁에서 함께할 그날까지
당신과 함께하는 그 순간까지
우리 사랑해요
예쁘게 곱게

— 결혼기념일에

내 마음

비가 내리는 날은
네가 그리울 거라 했다

눈이 오는 날도 그랬다

첫눈 오면
보고 싶을 거라 했다

햇살 드는 창가에 서성이며
그립다 한다

비도 안 오는
눈도 안 오는

반짝이는 창가에 서서

약속

가을밤 찬 기온 볼에 찼지
어루만지면 따뜻해졌지
네가 보았지
상큼하고 맑고 깨끗함인걸

가을밤 그리움 가슴에 찼지
안으면 터질 것 같았지
넌 알았지
보고 싶고 아껴주고 싶은 참사랑인걸

아낌없이 건네주는
끝없는 사랑을
내일을 약속하고 믿으며
비우는 마음을

참사랑은 가슴에서 조용히 자라는 거야

당신 사랑하는 건요

당신 사랑하는 건요
아침이슬마냥 초롱초롱
상쾌한 듯 싱그러움 때문 아니에요

푸른 창공마냥 훨훨
날아갈 듯 뭉게구름 때문 역시 아니지요

검붉게 타오르는 노을마냥 뜨겁게 뜨겁게
멋진 듯 아름다움 또한 아니란 겁니다

제가 당신을 사랑하는 건
아무 이유를 대신할 수 없어요

그저 당신이기 때문입니다
영원한 삶의 동반자
당신을 참 사랑합니다

근데 말야 나도 그래

늘 좋은 곳에 서면
내 생각난다 했지
같이 가고 싶다고!

늘 맛난 거 대하면
내 생각난다 했지
같이 먹고 싶다구!

앉으나 서나
잠자나
일어나도
언제나 늘…

근데 말야
나도 그래
지금처럼 아픈 날엔 더…

가을 예찬

가을하늘 바라보았어요
너무나 파랗게 맑아 작은 눈이 부셨습니다
조용히 눈 감아 보며 속삭였습니다

어머나 참 예쁘구나
하늘은 가만히 햇살 안겨 주었습니다

그건 우리들의 마음이 통했다는 거죠
내가 그대를 사랑하기 전까지는
하늘 바라보는 걸 잊었단 말이지요

새롭다
이쁘다
행복해

짧지만 가득한 이 언어의 마음으로
너무나 쓸쓸할 것 같은 가을이
이처럼 아름답게 보여지는 까닭으로
당신이 제게 준 선물입니다

보고 싶단 말이야

아무것도 안 보여
아무 소리 안 들려

숨바꼭질 술래 이젠 싫어

난 깍쟁인데
난 겁쟁인데

머리카락 보고 싶어서
네 목소리 듣고 싶어서

난 네가 너무너무 좋아

숨바꼭질 이젠 안 할래

못 찾겠다 꾀꼬리
보고 싶단 말이야

그럼 나 보여?

사랑하지 않는 사람들은
하나도 모른대

도대체
무슨 생각하는지

진정
지금 어디쯤인지

하지만
사랑하게 되면

다
보인대

눈 감아도 훤히

그럼 나 보여?

사랑은 알 수 없는 마술인가 봐요

별일이죠
혼자인가 보면 혼자 아니네요

신기하죠
시시때때로 그대 생각나거든요

우습지요
둘인 듯 혼자 웃고 말하고 생각해요

이상하죠
하지만 마냥 좋은 것만 아니네요

바보 같죠
행복함도 불구하고 왠지 슬퍼요

정말 정말
사랑은 알 수 없는 마술인가 봐요

난 그런 여자야

너만 생각하면
좋은 일이 일어날 듯 기뻐

그래서 웃는다
나도 모르게

마음은 하나인데
행복은 열 개야

기억하면 좋겠어
난 너에게만 향기로워

난 너에게만 착하단 말야
난 그런 여자야

나의 파랑새 소리를 아시나요?

딩동
아시나요? 현관문 벨소리 아니지요

딩동
들리나요? 자명종 소리는 더욱더 아니랍니다

딩동
아시지요? 내 파랑새 소리임을

딩동은
그대에게 보내는 내 마음입니다.

딩동 딩동
내가 부르는 소리에 그대여 놀라지 말아요

딩동 딩동
그대가 보고 싶다는 나만의 파랑새 소리입니다

메시지 왔어요
'딩동!'

혼자여도 함께다

가벼운 발걸음
가을 숲에 바쁘다

그대 곁에 없지만
손잡고 간다

하나 둘 날리우는
가을바람 맞으며

어제보다 더 물든
감홍 빛깔 먹으며

흠뻑 젖은 내 가을엔
혼자여도 함께다

헌데 알고 있는 단 하나

너의 느낌 알 듯하다가 모르겠어
미안해

너의 마음 알 듯하다가 모르겠어
미안해

너의 사랑 알 듯하다가 모르겠다구
미안해

아무래도 나 지독한 바보인가 봐
미안해

헌데 알고 있는 단 하나
나… 너뿐이다

요만큼 더

행복하답니다
우리의 하루 시작
함께 열어 가니까요

편안하답니다
우리의 고운 마음
함께 나누니까요

나는야
예쁜 여자
당신이 말해주니
알았지요

기억하실래요
당신도 참 많이
근사함을

눈부신 아침햇살
우리를 부러워하네요

자기보담
요만큼 더
행복해보인다구…

늘 웃고 싶으니까요

웃었습니다
그냥 당신 생각하면 행복합니다
그래서 웃어봅니다

내일도 지금처럼
웃을 수 있었으면 참 좋겠습니다

아니
그냥 당신 생각하며 살겠습니다
늘 웃고 싶으니까요

……

사랑은 참 나쁘다

사랑한다는 건
아이 참

아침에 조금 더 자고 싶은 마음보다
공부 안 해 시험문제 못 풀던 때보다

아니 그건 차라리 괜찮아

나를 낳아준 엄마보다
더 생각 많이 하고 있는 나를 보면
정말 정말

사랑은 참
나쁘다

진짜 사랑이야

비 내린다 하여 잠시 생각이
바람 분다 하여 문득 그리움이
밤이 온다 하여 진한 보고픔이

다 사랑이지만
언제나 무조건 주고 싶은 마음은
진짜 사랑이야

응…
오늘처럼 비 오는 날엔
너에게 우산이 되어 보고파…

CHAPTER♡3

행복한 치·치·치

행복한 치·치·치

앞만 보고 가는걸
기계는 잘 몰라 그래서 난 '기계치'

아는 길만 가는걸
길도 잘 몰라 그래서 난 '길치'

별명이 따라다녀
기계치래요, 길치래요

그래도 행복해
어머머 그뿐 아니다 뭘

그대 마음 이리 모르지
그대 사랑 여적 모르지
얼마나 큰 사랑 받고 있는데
늘 모르고 살잖아
'사랑치'잖아…

아하, 그렇구나!

기계치, 길치, 사랑치까지
어쩜 좋아 이런 나 어쩜 좋아
치, 치, 치, 행복한 치!

가끔씩 난 너의 연인이 되어

가끔씩 난 너의 연인이 된다
되고 싶다

넌 나에게
늘 채워만 주는 친구

한잔 속에
비밀이 용서로

한잔 속에
아픔이 위로로

한잔 속에
그리움이 사랑으로

말없이 넌 나의 마음 다 받아주니
버릇처럼 너에게로 가끔씩 간다

어이 할까
오늘도 네게로 향하는데…

— 술 한잔 생각나는 밤

아침이 올 때 우리는 사랑할 하루를 선물 받아요

걷고 걸었어 인사동 거리를
누구의 작품이 중요치 않아
미전 둘러보고 감상하며
내 안의 묵은 마음들 표출
가슴의 행복 그 하나만

아이 배고파 음… 맛난 거 먹어볼까
작은 공간 갈색 분위기 편안하고 안락해
커피보담 오늘은 동동주에 파전

혼자의 시간을 만나면
여행 중 타인에겐 호기심을 선물하나 봐

혼자 오셨나요?
일인분만 주세요
미소만으로는 부족한가
아이 참…

인사동 거리에
복잡한 거리에

뚜벅 뚜벅
오늘의 시간을 훔쳐
오랜만에 나를 만난다

나 외로운 거니

무심코 너를 보는 순간
심장이 흔들렸어

6월 초록 물결 속에
홀로 서 있는 외로운 모습이
꼭 누굴 닮았거든

조심조심 네게 갔지
마음 다해 흔들어 댔지

조금이라도 상처 날까
한올 한올 파헤치며

두 주먹으로 작은 너를
얼른 안았지

처음이야 거리에서
원하게 된 이런 마음

그냥 무심코 지나던 시간 속에
네가 보이는 이유가 뭐니

나 외로운 거니…

— 화초 하나 거리에서 만나다

소박한 너 촛불에게로 이제서야 보았다

어른이 되고 싶었다
자유로운 세계라 믿었다
난 어른이 되었다
결코 채울 수가 없는 걸 알았다

사랑이 하고 싶었다
마음껏 행복한 세계라 여겼다
난 사랑을 했다
진정코 채울 수가 없는 걸 알았다

그럼 돈… 아니 명예인가
채운만큼 아니어서 나 모른다지만
먼저 채운 사람들은 그 또한 아니란다

세월의 향기 속에 하나
'나 사는 동안' 그림 그려 본다
중년의 길목에 서 있는 나

채움이라 했나… 채우려만 했는가
정녕 비움이 채움인 것을
소박한 너 촛불에게로 이제서야 보았다

행복 만찬

아침 속에 음악을 들어 봅니다
이렇게 오늘이 열리는 것이
너무나 행복합니다

아침을 맞이하는 손길이
어제보다 더 바빠졌습니다

밥을 안치는 마음에서
반찬을 만드는 마음에서
인생을 요리하는 마음까지
바쁘게 시작되었는걸요

고마운 일이지요
늘상 조용히 살아온 삶에
음악을 넣고
그림을 양념하여
시를 뿌립니다
아름다운 멋진 요리 되는걸요

어김없이 오늘도
행복의 만찬이 되었습니다

새삼인가요 말 놓을게요

잘 지내셨나요
아니지 말 놓을게요
잘 지낸 거지
보고 싶었어요
아니다 보고 싶었어… 응

유치원 꼬마 아이들
초등학생 중학생들에게
난 절대 말을 놓고 싶지 않아요

하지만
그냥 당신에겐
새삼인가요 말 놓고 싶은걸요
그냥 친구처럼 말 놓을게요

전 언제부턴가
좋아하면 말 트는 버릇이 생겼답니다
당신에겐 말 놓고 싶어요
잘 지낸 거지… 응

꿈을 얹어 보는 일

날씨가 너무 덥다고 생각했습니다
그것은 여름이니까
그렇구나 이해가 되어
더운 걸 받아들입니다

내 마음 너무 외롭다 생각했습니다
그것은 욕심이니까
그렇구나 이해가 되어
외로움 넘겨보았습니다

내 사랑 너무 그립다 생각했습니다
그것은 참사랑이야
그렇구나 이해가 되어
그리움 참아집니다

내 인생 너무 조용하다 생각했습니다
그것은 아직도 알 수가 없습니다
어떻게 해야 하는지 성격일까
마음은 분명 더 날아가고 싶은데

내 인생은 언제까지나 알 수 없나 봅니다
그나마 알고 있는 한 가진
걸어가는 그 걸음 위로
꿈을 얹어 보는 일…

프로지 난

살아가는 날들에
아무 걱정 마아
프로지 난
멋진 순간들로 그려질 테니

우리 사랑하는 마음
후회 없이 하자
프로지 난
고운 순간들로 채워질 테니

살아가고 사랑하고
하나부터 또 하나까지
프로답게 가는 거야
간혹 삶이 속일지라도…

가을이 벌써 간다구요

온 만큼만 기다려 줄래
너 너무 바쁜가 보구나

너를 맞이하려 얼마나
기대를 하였는지 모를 거야

여름에게도 인사 제대로 못했어
너를 맞을 생각으로

너 온다는 날부터 얼마나 뒤숭숭하던지
차마 다 말은 못하겠지만

친구에게도 내 일기장에도
온통 너의 이야기뿐이었다구
내 가을이에게 근사한 행복 주고파서 말야

오는 구나 가을이
셀레임만 셀레임만
왔구나 가을이
고민만 고민만

어머나
지금 네가 떠나간다니

아직은 이르다 잡지도 못해
잘가란 말 또한 할 수가 없네

손끝에선 바스락 힘없는
너의 모습 아쉬움에
만지작 보듬어 본다지만
가슴에선 갈색 향기 허하게만 느껴져

왔다 가는 너의 마음 조금도 헤아리지 못해
보내는 나 염치없어 차마 얼굴 못 볼 것 같아

아…
네 가는 뒷모습에 나 많이 울지도 몰라

그건 상처야 알겠니

정말 아무것도 몰랐어
하는 그런 실수는

열 번도
용서되고 이해되지

하지만

어때
'한번쯤'인데

알면서 한다면
그건 상처야

알겠니…

자주 올게… 미안

순서 없이 지저귀는 새소리에
오랜만에 왔음을 알았습니다

메마른 나뭇잎들 보며
너무 무심했음을 알았습니다

상쾌하고 싸한 막바지 겨울 향기
코끝에 부딪히며 기분 좋아지는 마음에
겨울 내내 꼼짝 않은 자신이 부끄러웠습니다

알았다 알았어요 내가 오랜만에 왔지만
결코 널 잊은 건 아니었어 응…

새삼 맞이하는 산책길에
바쁘게들 인사하는 새 그리고 솔솔 부딪히는
상쾌한 녀석에게 미안함이 앞서고

자주 올게… 미안
오르던 나무에게 손짓하며
내 마음을 살며시 대신하였습니다

하늘아, 넌 그래도 이뻐

심통났구나 오늘, 넌 그래도 이뻐 바보야
마음이 우울한 거니
내 친구 마음이 회색되어 우울해 하네

그래 너도 가끔은 슬플 거야
그래 너도 가끔은 울고 싶지
헌데 네가 우울해 하면 말야
나 역시 그래 너를 닮았나봐

그거 아니? 넌 말야
네게는 참 잘 어울리는 파란 사랑을
가끔의 심통으로 울어 젖히는 바람도
가끔의 화풀이로 눈물 흘리는 빗줄기도
그마저도 좋아진 난 널 그래도 닮고 싶어

크게 변함이 없다는 걸 알게 된 거지
넌 화려함 없이도 아름답고
늘 최선을 다하는 모습이 멋져
파아란 마음에서 회색 심통까지…

뾰로퉁해 그리 온종일 회색하늘만 가득한 거니
하늘아, 넌 그래도 이뻐…

삶의 여행 길목에서

아침이슬의 싱그러움 톡톡 만져보았는지요
지금 제 마음이 그렇답니다 맑고 투명하게

밤하늘 예쁜 별들의 사랑 속삭임을 들으셨는지요
지금 제 마음이 그렇답니다 희망 꿈이 되어

어린아이들의 해맑은 웃음소리 들으셨는지요
지금 제 마음이 그렇답니다 기쁨 행복으로

밀려드는 흰 파도의 진실을 보셨는지요
지금 제 마음이 그렇답니다 깊고 화끈하게

간혹 낯선 거리 홀로 서 있는 양
어색하고 불안할 때도 있다지만

'그냥'이란 이름으로
당신 생각 제법 한다는 걸 아시는지요
지금 제 마음이 그렇답니다

이젠 언제까지나
하루하루 내 마음엔 놀라운 일들이 진행 중입니다
삶의 여행 길목에서…

고걸 모르나 봐요 — 감기(1)

한참을 잤어요
정신없이 잤네요
아무 생각 없이
세상모르게
한참을 그랬나 봐요
벌써 어두워졌네요

머리가 아파요
감기인가 봐요
내 마음 약해진 게 없는데
어느새 고 녀석
나에게 왔나 봐요
전혀 반갑지 않은데

아이 참
함께할 때 좋은 건
당신뿐인데

요 녀석 고걸 모르나 봐요

동거중 — 감기(2)

침을 꼴깍 삼켜 볼까
아이 아파
머리가 참으로 끙끙
아이 어지러워

너를 이기려
주사 맞고 약도
하루 세 번 꼬박꼬박

아이 참
고 녀석
심술 단단히 났네

싫다 아니다 해도
이리 온몸에 구석구석 에워싸는 걸 보면
항복이다 그래 그래

며칠간 동거해 보자
이불 속에 포옥 잠수 타야지…

하늘과 가까운 시간을 만나면

하늘과 가까운 시간을 만나면
산책 속에나
사랑 속에서
내 마음의
낭만은 커져만 간다

행복이 시작되는 유쾌한 마음은
새로운 아침을 시작하면서
틀림없이 내 곁에 서 있다

황홀한 경험은 그런 것
하루 속에는
사랑 속에는
기쁨도 슬픔도
살아가는 것으로
하나라는 거

스스로 행복을 만나는
하늘을 닮는 오늘이 되길 바래 본다

아프지만… 길들여지는 거야

쉬운 걸 몰랐어
엄지발가락 고리신발이 제일 편했어
그래서 늘상 신었지

하지만 요즘
운동화 신는 날이 반복된 거야

다시금
발가락 고리신발 신었는데
어머머 불편하네

그렇구나… 길들여지는 거야

너 없이는 못살 줄 알았어
하지만 살잖아

그렇구나… 길들여지는 거구나

너무 쉬운 걸 몰랐어

바보, 쉬운 게 아냐
아프지만… 길들여지는 거야

했을 뿐이고… 하고 싶을 뿐이지

뽀드득 뽀드득
난~ 설거지하는 소리일 뿐이고

뽀드득 뽀드득
난~ 우리 님 손잡고 하얀 눈길 걷고 싶을 뿐이지

쪽쪽 쪼오옥
난~ 유자차 마지막 한 방울 먹고 있을 뿐이고

쪽쪽 쪼오옥
난~ 우리 님 곁에 앉아 입맞춤하고 싶을 뿐이지

씨이익
난~ 행복해서 웃고 있을 뿐이고

씨이익
난~ 지금 우리 님 보고파 미소 지을 뿐이지

마음만 동동

나 오솔길 옆 한적한 길
조분조분 걸어보며
나뭇잎 속삭임 들어 볼까
그들의 이야기는 어떤 것일까

나 가로수 길 따라
내 님 실은 마음 함께
도란도란 걸어보며
갈색추억 만들어 볼까
내 님의 마음은 무슨 색일까

가을 하늘도 노란 은행잎도
안개꽃 드리운 좁다란 길까지
어서 오라 손짓하건만

행여나 이 가을 시작도 전에
매정하게 간다 할까
내 추억의 가을 하루는 서투른 채
마음만 동동 일렁인다

음악인걸요 그림인걸요

창밖에 가을비가 와요
조용히 귀 기울여 보았지요
참 예쁜 소리 들려 오네요

쪼르르 쫑쫑 빗방울 소리
주룩주룩 쏴아 빗줄기 소리

너무 가냘프지만 이뻐요
음악인걸요

마음에 별이 있어요
가만히 손대고 만져보았지요
참 예쁜 마음 느껴지네요

두근두근 통통
빨간 심장 그려지고

콩당콩당 콩콩
사랑의 알람 그려져요

너무 뜨겁지만 멋져요
그림인걸요

지금 난 수술 중

아이 참 어쩐담
나도 모를
외로움이 밀려오잖아
욕심 탓일 거야
따끈한 한잔의
커피를 마셔보았다

이를 어쩐담
가시질 않네
암 그렇고 말구
마음에게 노크함을
일일이 받아줄 수는 없지

하나씩 들어오렴
오늘의 수술은 외로움
어제도 외로움인걸
아니 어찌하여
외로움의 수술은 계속인가

재발하지 않도록
이번 수술은 성공하리다
그럼 시작이다
지금 난 외로움 수술 중…

촛불처럼

촛불처럼 말없이 모든 것을
내어줄 수 있게 하소서
그건 사랑의 시작입니다

촛불처럼 스스로 자신을
희생할 줄 알게 하소서
그건 사랑의 기본입니다

촛불처럼 밝음으로
세상 빛 비추게 하소서
그건 사랑의 의미입니다

촛불처럼 겸손하여
세상 속 살게 하소서
그건 사랑의 삶입니다

너무나 아름다운 인생
나는 촛불처럼
사랑하며 살아가리라

세상엔 이쁜 게 참 많아요

이쁜 게 너무나 많아요
조용히 향기 나는 글 보며
마음이 울컥해지니 이쁜 거구요

라디오에서 들려지는 음악으로
옛 생각 하면서 가야 하는 길
지나쳤네요 그 마음도 이쁜 거구요

이쁜 게 너무나 많아요
아침 되어 하루를 생각하며
산책하는 그 시간 너무 이뻐요

어떻게 지내니?
혹 친구와 통화하면
그 하루 너무 이쁘구요

밤이 되면 온 가족 모여
이야기꽃 피우네요
오순도순 그 향기 너무 이뻐요

마음 열고 은은하게 바라보면
세상엔 이쁜 게 참 많아요

내 고향은 어디쯤에

내 고향은 어디쯤에
어릴 적 시골은 내 하나의 추억
외삼촌 집으로 가는 길은 천국 가는 길
깊은 산속 좁다란 길 걸어도 걸어도 끝은 없었지
내 열두 살 걸음걸이로는 하루 온종일

큰 대문 삐걱 소리 정답게 열리고
외삼촌 외숙모 반갑게 맞이했었지
넓은 마당 꼬꼬닭과 난 친구 되고
갈색 검은빛 마룻바닥엔 낮잠 자기 안성맞춤

온 동네 또래 친구들 서울친구 왔다구
하나둘 모여들어 넌 누구랄 것 없이 손잡고 헤헤
붉은 노을 속에 어스름한 저녁 다가오니
'서리'라는 이름으로 개구짐도 행복해
호호 헤헤 뛰기도 무섭기도 재밌기도

세월 흘러 고향의 하늘 낯설고 외롭다
봄이 오는 길목도 여름날의 싱그러움도
누런 곡식 익는 가을날의 향기도
눈 오는 하얀 날의 그림도 다시금 보고 싶다

내 고향은 어디쯤인가
새소리 나는 봄이 오면 엄마랑 둘러봐야지…

사노라니

눈을 떠 떠오르는 해를 보니
내 어릴 적 꿈 실은
풋풋한 젊음이거늘

눈 감고 지는 해 느껴보니
머나먼 아득한
여행길 나그네 되네

사노라니
얻은 건 무엇이며
잃은 건 무엇일까

덧없이 오고 가는 뒤안길에
외로움만 홀로
차곡 차곡

사노라니
채워짐은 무엇이며
비워짐은 무엇일까

한없이 마음아
어이하나 어이하나

오해로… 살다가 이별은 바보짓이다

오해…

내 마음 알아줄래

그건 오해야

누구나 말 한마디로 상처를

…………

그래서 아파하고
그래서 이별하고

살다 보니

오해로…
이별은 바보짓이다

내 마음 껐다

욕심에서
그러니까

나

그냥 서운함
그냥 서글픔
그냥 알 수 없는 감정들

내 마음에서 많이
껐다

나, 철 들은 거지?

CHAPTER ♡ 4

내 마음에
텅 빈 벤치 하나 있다

따뜻한 동행

이리 와 보렴
새해 가족 동행
시작이야 늘 그랬던 것처럼 가는 거지

아빠는 믿음으로 엄마는 사랑으로
자녀는 순종으로 동행하는 거야

진정 살다 보니
넘어지고 뒤돌아보며 후회하고
아쉬움의 날갯짓 슬픔이지

이제는 그들을 외면할 수 있도록
그렇게 눈물 흘리지 않도록
보듬어 주고 이끌어 주자

진정 살아 보니
당신 덕분이었어요
당신 최고였어요
당신 수고 많으셨어요
따뜻한 가족의 동행 참 행복했어요

아… 시작이야
우리의 행복한 동행…

내 마음엔 텅 빈 벤치 하나 있다

내 마음엔
텅 빈 벤치 하나 있다

늘상 으레껏 제자리인 양
차지하고 앉아버린 외로움이
오늘은 조심스레 먼저 와 앉아버린
친구(큰아들 고민)를 물끄러미 바라본다

여느 날하고는 분명 다름을 눈치 채고
잘못 찾아온 듯
반겨줄 것 같지 않음을 잘 알면서도
기어이 비집고 앉아 머뭇거린다

마음 이야기 건네주며
시시때때로 음악 들려주며
외로움을 맞아주던
그 마음이 오늘은 아니란 걸
알게 되어 그나마 다행이다

하지만 겁도 없이 누구냐 넌
외로움은 화가 난 듯 한마디 던지며 툴툴거렸다

아들아 아직 어려운 일이라 보여지는데
정말 보내고 싶지 않은데

그냥 평범하고 단순했으면 하는데
살아가는 험한 길들
너에게 알려주고 싶지 않은데
세상 따뜻함에 행복하기만 원하는데

넌 다른 길로 넌 좁은 길로
넌 홀로 길을 가려 하는구나

네 뜻이 있으면 가거라
길이라 여기면 가거라
기도하며 바라보리

빛이 되길 원해
네가 원하는 시간 앞에
엄마가…

외로움은 맞은편에 앉아
꼼짝 못하고 기선 제압은커녕

숨죽인 채 그 고민 속에 엉겨 붙어
위로되어 주려 했다

— 엄마는 아들을 믿는다

눈 덮인 산속은 밤이 되어도 훤하다

아이젠 있지? 꼭 갖고 와
지금 산에 가자구?
오후 3시 지나 4시가 되려는데
아예 그녀는 딱 잘라 명령이다
하긴 그래야 내가 가니깐
꼼짝하기 싫어라 하는
나를 데려가려면

알았어
아이젠 챙기고 커피 하나 타서
그녀에게로 갔다

온통 눈으로 덮인 산
처음으로 아이젠 착용하고
하나 둘 하나 둘, 꼭 산악인이 된 듯
우습기도 하고 재밌기도 한 모습으로
겨울 산행을

아이고 힘들어라 요즘 산에 안 갔다고
너무 힘든가 눈 덮인 산이라 힘든가
땀도 나고 덜덜 다리도 떨리고 숨도 차고
평상시보다 몇 배로 힘들다
그녀는 몇 번 더 했다고 잘도 올라간다

커피 한잔 하고 가자 응
산속에서 온통 눈 덮인 산에서
커피 맛이 꿀맛이다

있잖아 봄에도 오고
소낙비 내리는 여름에도 오고
이번 가을단풍 보며 오고
하얀 눈 덮인 산에 오니
사계절 다 왔다 그치?
그러게 이젠 너도 제법이다

야~ 호~
산행은 바로 이 맛이야

다시금 내려오다 보니
어두운 밤이 되었다
아랫동네에 불이 켜져 있는 걸 보면

산속은 눈으로 훤하네
너무 천천히 걸어서
시간이 많이 걸렸나 보다

눈 덮인 산속은 밤이 되어도 훤하다
오늘에서야 알았다

나 아무래도 살림 잘하는 거야

나오셨어요? 방긋
어머나, 절 어찌 기억하시는지요?

우리 동네 마트에 온 동네 사람들 하루 한 번
일주일엔 적어도 서너 번 출근
그래서 아는 것인가 보다

키는 작은데 정이 넘쳐 보이고 착해 보이는 총각이
나를 보며 인사하는 걸
아, 예…

그 총각은 각종 고기를 파는 쪽에서 일한다
립스온더바베큐… 등갈비 주세요

오늘은 월요일이라 행사는 끝났지만
그 총각은 저렴하게
행사가격으로 주겠다 한다

난 좋은 거지 뭐… 고마워요
많이 저렴한 가격으로 구입했다
안다는 건 여러 모로 좋은 일이다

나를 보며
'고객님의 인상을 기억합니다' 하시면서
너무나 친절하신 그분이 나 역시 좋았다

많이 파세요
종종걸음으로 돌아왔지만
와~ 오늘 장 잘 보았다

나 아무래도 살림 잘하는 거야
……
혼자 잠시 생각했다

그 어디에서든지
그 무엇을 하든지
친절함은 너무나 기분 좋은 마음을
선물한다는 걸…

외로운 것보다 더 외로운

외롭다고 고독하다고
어이 말로 다 해 볼까요
사치라 하실 텐데

한평생 단아한 모습
조용한 모습
꽃보다 아름다운 당신
마음 약한 여자이지만
한평생 살아갑니다

세월 속에 외로움은
넘쳐 흘러 간다 하여도
조금도 달랠 길 없는 어머니

내 여기까지 와 중년 되어 보니
이제서야 당신의 마음
살짝 엿보아진단 말이지요

여자의 마음 알게 되었답니다
어머니, 사랑합니다

샤시 고마워유 아마두 맛있을 거유

나이 드셨어도 참 예쁘시다
곱게 화장하셨네
큰 다라에 나물 몇 가지가 다였다
손수 뜯으셨단다
쑥, 고사리, 신선한 채소인데 이름은 몰라…
마침 난 주머니에 돈이 있었다
살까말까 하는 참에
샤시, 사가요 많이 줄 테니
직접 할아버지가 뜯고 다듬어서 참 좋다우
국 끓이면 참 맛나다우
쌈 싸먹으면 쌉쓰름함이 좋다우

천 원어치 줄까?
넘 싸다… 그럼 저것도 주세요
가격에 비해 많이도 주시네요
많이 파세요 할머니

샤시 고마워유
아마 맛있을 게유

아… 향기 가득한 풀냄새가 좋다
할머님 마음처럼

아저씨, 낼 밥 없다

지금 몇 시지?
꿈나라 깊게 들어가 아무 생각 없어야 하는데
자다 말고 허전함에 시계를 보았어
새벽 3시네 아직도…
어제 늦게까지 있다가 혼자 와인 한잔 하고 잤는데
울 대장 아직도야…
하는 일이 늦게 끝났다구 사람들과 함께 한잔 한다고 했지만
언제 오려나 뒹굴뒹굴…

따르릉…
온 세상을 깨우듯 크게도 들리네
여보세요… 아저씨 왜 안 와?
지금 가는 중이야 너무 많이 했다 술~
집에 다 도착되어 가는데 내려와라

어머머, 자다 말구 이 시간에 왜?
하고 싶지만 싫단 말 않구 내려갔다
비 오는 아파트 단지 내에 자동차 불빛 하나 내 앞에 섰다
그때가 새벽 3시 반
대리운전 아저씨께 인사하고 내가 앞좌석에 탔다
울 대장 뒷좌석에서 바로 나를 확인하더니만
"드리이브하자 밟아라!"

어머머, 차창가에 부딪히는 빗줄기에
이 시간 차안에서 운전대 잡고 별 생각이 다 든다
그냥 주차장에 주차하려다가 좋다 한바퀴 돌자
앙? 어느새 울 대장 정신없이 쿨쿨~

비 오는 거리 새벽의 드라이브
나… 웃어야 하는지 가슴이 촉촉해지네
그런대로 분위기 지대로다~
살다 보면 그런 날들… 오늘처럼 그런 거지 뭐

암튼
아저씨, 낼 밥 없다…

어머니

보고 싶은 마음에
그리움 넣어
달려갑니다 어찌
그리 늙으셨는지요

시집가던 날
나 몰래 눈물 훔치시며
잘 하거라 잘 살거라
사랑 안에 접으시고
어서 가라 어서 가라

알콩달콩 살다 보니
깨도 볶고 꿀도 달구고
투닥투닥 인생살이
눈물 보고 가시 찔리구
세월 속에 흘러갔네

친정 멀리 하라 했네
서울 아래 함께인데
발걸음은 명절 속에
일년엘랑 한두 번

아버지 하늘나라
엄마의 삶 외로움에
이내 마음 끝도 없이
땅 끝으로 들어서구
효도란 무엇일까
어찌 이리 죄송할꼬

나의 행복은 곧 나의
당신의 행복이었기에
열심히 행복했고
언제나 행복하고

그럼에도 변함없이
세월 속에 마음이여
당신의 간절한 기도는
이리 여전하신지요

진정 무엇을 바라시는지요
어머니, 나의 어머니…

그건 또 다른 소중함이지

아들아
설거지는 이렇게 하는 거야
밥하는 것도 쉬워
빨래 너는 것 좀 도와줄래

어머머
너무 잘하는 걸
고맙다 아들아
남자도 다 할 수 있어야 해

아들아
할머니 오시면
네가 밥했다고 말씀드리지 마라

할머니께선
너를 소중하게 생각하시기 때문이란다

그럼 엄만
제가 소중하지 않으세요?

그건
또 다른 소중함이지…

100번도 넘게 울었어요

어젯밤 꿈에서 엄마가 죽는 꿈을 꾸어서
100번도 넘게 울었어요
아프지 마세요!

이른 새벽에 딩동~ 아들 메시지가 도착했죠
아들 메시지에 눈물이 흐릅니다

여보세요
아들아, 꿈꿨어?
엄마가 건강한
목소리 들려주려구
전화했지…

아들,
꿈에서만 운 거지?

아니요
꿈 깨어선 한 번밖에 안 울었어요

……

사랑한다, 아들아
사랑해요, 엄마

바라보니 그동안의 날들이 와락~

아침마다 분주함에 학교 가는 모습
새삼 언제 그랬었나 싶은걸

안아 볼까 우리 아들
키도 덩치도 껑충 커버린
아들 품이 이리 대견할 수가

엄마, 배고파요!
엄마는 오늘 뭐하셨어요?
엄마, 저 오늘 학교에서요…
재잘 재잘…

긍정적인가
아직 어린 것인가
크게 예민하지 않은 아들을 보며
어찌 생각해야 하는지…

오늘은 울 아들 수능 보는 날
일찍 잠에서 깨어 가방 챙기며
두 손 잡고 꼬옥 잡고 시험장으로 출발
교문 앞에 내려주고 싶건만
굳이 싫다 하니 알 수가 없네

아들아! 그럼 파이팅~
알았어요…
휙~ 가버리네

아, 알 수 없는 눈물이 대신했다
바라보니…
그렇게 바라보노라니…
그동안의 날들이 와락 안겨왔다

친절한 음성만이 하루 종일 들렸다

클락션을 눌렀다 빵빵~ 도와주세요
조심스러우면서도 급하게
신호 걸렸을 때 물어보아야 하니까

한 블록 더 가면 너무 멀어질 듯하구
앙… 어쩌나

기사님, 창문 좀 열어보세요
빵빵~ 내 맘 좀 알아주세요
아잉… 네비게이션 켜도 잘 몰라요
난 기계치란 말예요

그런데 다른 쪽에서 반가운 목소리
조그맣게 들려오네
왜 그러세요!

아예~
뿡뿡뿡 찾아가려구요
내 말 끝나자마자 그 사람은

대각선이요
보이시죠, 대각선입니다!

어머나… 보여요, 잘 보여요
신호가 바뀌어 모든 차 출발

나도 대각선으로 진입하려
좌회선 차선으로 휭~

인사도 못했네 고맙다구…
대각선이요~
친절한 음성만이 하루 종일 행복 주네

일일이 미리 챙겨주시는 어머니

요즘 어머님과 통화한 지 좀 되어 막 걱정되는 참인데
전화벨이 울렸다 울어머니의 다급하신 목소리

엄마다
아 예, 어머니~
사실 내가 어디 어디 설명회 듣고 있거든
아버지와 내 수의는 진작 해결해 놓았는데

사돈어른 것이 생각나서 말이다
사돈어른은 아무것도 준비하지 않으셨을 게다
홀로 계시니 말이다

에미야, 아범 몰래 내가 들을 테니 주민번호만 말해다오
넌 내 딸 같구 이뻐서 해주고 싶단다
네 생일도 돌아오니 그리 알고 어서 말해 보렴

나중에 알게 될 것이다 잘했다는 것을…
이젠 걱정 없다, 그래 들어가거라 춥다 뚝…

한편으론 슬프면서도 준비하는 것이 옳다는 생각이 들었다
고맙습니다 어머님…

아, 두 시간가량 가슴이 메여 먼 산만 바라보았다
바람이 불어오는 추운 이 겨울이 너무 포근해서

어머님, 고맙습니다

장례상 준비를 일일이 미리 챙겨주시는 시어머님이
할말을 잃게 하신다…

엄마
엄마가 진정 내 곁을 언젠간 떠나시는 걸까…
아직도 언제까지나일 것만 같은데…

진짜 사랑입니다

음악을 유난히 좋아하는 아들
무엇이든 맛나게 잘 먹는 아들

아들아, 얼마 있니?
6,000원이요…

집에 오면서 간단히 사 먹을 수 있겠네
배고프지 않게 알아서 하거라

엄마!
배고파요 밥 주세요

그렇게 배고파? 뭘 좀 사먹지 그랬어
6,000원 있었잖아

지하철 안에서
불쌍해 보이시는 할머니께 드렸어요

얼마를?
5,000원이요

아…

우리 어머님 우리 아버님

당신의 마음만 같아야지
당신의 마음만 닮아야지
마주보며 이야기꽃 한 소절에도
이런저런 마음속에 한 사랑까지

꿈길같이 그윽하고
하늘같이 잔잔하며
바다같이 시원하니
세상 보는 작은 내 마음
어느새 부끄러움…

당신 사랑 한없음이
햇빛 타고 반짝반짝
당신 사랑 끝없음에
물길 따라 졸졸졸졸
진한 향기 속에 전해 오네요

향기 가득한 당신 사랑 속에
내 작은 마음도 염치없이 용기 얻고
이 세상 열심히 살아가게 합니다

건강하세요, 우리 어머님
사랑합니다, 우리 아버님

엄만 지금 설거지한단다

형
눈 온다

응
엄마가 뿌려 주시는 거야

울 엄마
선녀잖아

아빠가
천사라 했는데

어머머, 아들들아
무슨 얘기니

엄만 지금
설거지한단다

아빠를 꼭 닮았어요

검은 봉지 안에서
쏘옥 고개를 내미네요

황금빛 알알이
방긋방긋 웃네요

한 알 집어 입 안으로
음… 향기로움이여!

시큼함이 아들 투정
달콤함이 사랑이야

껍질까지 오물오물
아… 상큼함이여!

아들 선물에 온 가족이
한알 두알 금귤잔치

용돈 아껴 아들은 과일 한 봉지
독서실 다녀오며 사왔네요

아빠를 꼭 닮았어요

그렇게 오늘도 살아갑니다 출발~

이른 아침 밥통은 칙칙칙 치~ 익
또르르 쏴아~ 딸그락 딸그락
구수한 된장 아욱국 보글보글
나는야 잠 많은 늦잠꾸러기
밤새도록의 시간이 이리 짧았나

눈 감았다 눈 떴을 뿐인데
조금 더 자고 싶은 마음 뒤로하며
가족사랑 부랴부랴 주방에서 먼저 출발

울 대장 밤새 푹 쉬리라 믿었건만
뒤치락 뒤치락 억센 고민들은 잠도 없나
주인님 한숨도 안 재웠나 보다
아침 되는 새벽녘에 이리 곤히 잠든 걸 보면
조금 더 주무세요 제가 옆에 있답니다

공부는 힘들어 하지만
해야 한다구 늘 의문 속에 늘 지침 속에
하지만 조금도 멀리하지 않네
지혜로운 아들아 넓은 세상 더욱 멀리 훨훨
꿈을 가슴에서 피우거라

하루가 시작된다
창가에서 불어와 살갗에 닿는 바람이
아직은 차다
남방 하나 더 걸치게 하는 걸
똑딱똑딱 거실에 걸린 벽시계는 여유롭게
우리를 바라보며 속삭인다

그렇게 오늘도 시작하는 겁니다
그래 그렇게 오늘도 살아갑니다
출발!

난 지금 벨리 연습 중이다

아이 참…
난 내가 이 정도인 줄 진정 몰랐어
월, 금요일은 벨리 하는 날

울 예쁜 선생님 그동안의 작품
난 열심히 따라 해서
제법 자신감도 생기고

간혹, 울 섹쉬녀(벨리엄마들이 붙여준 내 별명)
열심히 한다구 엄마들께 칭찬도 받고
나도 조금씩 자신감이 생긴 줄 알았지

어머나… 그런데 아닌 거야
한 작품이 있는데 중간에
자신 있는 자신만의 프리댄스가 있거든

16박자 정도의 짧은 프리댄스
어머나… 그런데 못하겠는 거야
뻣뻣하게 서 있었는 걸

막 창피하구 그러는 거야
나만 하는 것도 아니구 다함께 하는데
자유로이 자신감 있는 작품을 하는 건데

몇몇 엄마들은 너무나 아름다운 모습 보여주시는데
난… 영 아닌 거야, 난 왜 이 모양이람…
오히려 안 하고 있는 내 자신이 더 쑥스럽더라구

선생님은 고래고래 소리 지르며
자신 있는 거 하세요~
어서요, 섹쉬녀님~

순간 16박자 동안 그 몇 분, 아니지 몇 초가 너무 길었어
모두들 한바탕 웃었어
엄마들, 선생님, 글구 나…

그렇게 시간이 끝나는 줄 알았는데 이게 웬걸?
다음엔 한 사람씩 대표로 프리댄스를 준비하래
아잉~ 큰났다, 빠져버려? 그건 안 되구 잉~

난 지금 벨리 연습 중이다
16박자 동안 춤출
나만의 열정적인 프리댄스를…

우린 옷이 몽땅 젖었다

안 움직일래요~
그래도 가자 산에
비 오는데 혼자 가면 무섭구
같이 가자
알았어 그래 갈게

비 오는 날에 산에 올라가다
금방 나도 친구도 다 젖었다
우산 쓰고 걸었는데도
산이라고 해야 산책 코스로
조금 올라가면 약수터 거기까지만

팔각정 하나 있는데 벌러덩 누웠다
힘들다 더… 그치
나두…
초록 나무에, 비에, 참 좋다 그치?
비 오는 날 숲속 산책
생각 못해 봤는데 좋구나

어머나, 비가 더 오네
근데 참 좋다
만약에 혼자라면
무서워 못 올 거야

금방 깜깜해진다
그러게 비 소리가 넘 좋아
우리 대화가 잠시 멈췄다
말없이 우린 걸었다
그러다 내가 뒤돌아보며
이름 불러주었다
석희야~

친구랑 난 막 웃었다
바보야, 내 이름 부르면 모하냐
그럼?
그리운 사람 이름 불러야지…
어머머 깔깔깔~
그런 거야 히히히~

우린 옷이… 몽땅 젖었다

그런 꼬마아가씨가 아줌마 되어 이렇게 변했는데

아빠, 생각 나?
나 초등학교 입학하는 날 말야
엄마는 아프셔서 못 오시고
아빠랑 학교 갔잖아

다른 친구들처럼 나도
가슴에 손수건 달고
운동장에 서서 노래하고 춤추고
뒤에 아빠 모습 보며 선생님 말씀 들으며
그때 꼬마 코 흘리게는 행복하였지

그러다 아빠 얼굴 안 보여 이리저리 두리번거리다
결국 아빠를 못 찾구, 어디 있나 울 아빠…
내가 교실 들어가는 걸 아빠가 모르면 안 되는데
불안해하며 선생님을 쫓아 교실로 들어갔어
난 1학년 24반 교실로 들어간 거야

오전반 오후반 그렇게 있었던 것 같은데
지금 생각하면 반이 정말 많았던 것 같아
암튼 말야, 난 교실에 앉아 선생님 말씀보단
창가와 뒷문을 계속 보고 또 보고 아빠만을 찾았지
다른 엄마들은 다 있는데 아빠는 안 보였어…
울먹이다 보니 콧물은 더 나오고 해서

아빠가 가슴에 달아준 손수건에
아까워하면서 콧물을 닦았지 뭐야
지금 생각하면 그냥 흰 손수건이었는데
그땐 정말이지 예뻤거든…

재옥아…

뒤에서 들리는 울 아빠 목소리…
울 아빠다!
내가 24반에 들어온 걸 어떻게 아셨을까?
우리 아빤 박사가 틀림없다고 생각했었는데…
활짝 웃으며 아빠가 손 흔들었잖아

나도 그때서야 씨익 안심하며 웃었구
그때부턴 선생님 말씀도 귀에 들어오고
내 옆 친구가
남자 짝인 것도 보이는 거야

아빠… 보고 싶어요!
그런 꼬마아가씨가 아줌마 되어 이렇게 변했는데…
아버지… 편안하시지요?
저도 행복하게 잘 살아갑니다
사랑해요…

아, 그녀다

퇴근하는 울 대장 손에 큰 박스가 들려 있다
아, 그건 울 대장 선물이 아니지요
사실 아침 일찍 예쁜 그녀에게 전화를 받았다
'생일 축하해요, 예쁜생각 님!'
아, 그녀였다
네, 고마워요
강남고속터미널과 상봉터미널 중에
어디가 가깝냐고 묻는다
그녀의 말에 난 그 이유를 알 수 있었다
어쩌나 고마워서…

결국 울 대장에게 부탁해서 찾아온 선물이다
떡이다 뜨끈뜨끈했다
일찍 만들어 보내셨구나…
녹두가 칸칸이 팥 들어가는 것처럼 들어간 떡
엄청 많았다
먹을 만큼만 덜어먹고 나머진 냉동실에 넣고
먹으라던 그녀의 말이 생각났다

아… 입 안에 넣었다
맛나고 행복했다 정성이여, 사랑이여, 고마움이여…
녹두떡 처음 보았다
그녀에게 고마운 마음을 전했다

온전히 다 전하지 못하구 조금만…
떡 잘 받았어요 너무 많아요
부자가 된 듯해요
나눠 먹을게요
헌데 이 떡 처음 보네요, 이름이 뭐예요?

내 어찌 이렇게 행복한 생일을 잊을 수 있나
오늘이 내 생일인데…
저녁은 집에서 손수 해서 조용히 먹었다
울 대장, 오늘 대따 운 좋은 날이다!

— 2009년 1월 15일(음력 12월 20일)
카페님의 사랑을 받던 날

사랑인데 간섭이래

아들아, 너무 추워
옷 더 따뜻하게 입고 내복도 입고 가렴
결국엔 안 입었다, 가장 추운 날인데…
점점 엄마 말을 안 듣는 것일까
아님 내가 너무 모르는 걸까

중3 올 아들
친구들과 1박 2일로 여행 간단다
친구 아빠가 예약해 주고
각자 먹을 거 준비해서
약간의 회비만으로 여섯 명이서

천안이라 했다
지하철 탄다나
기차를 탄다나
서로서로 이야기 마치고

설렘이 역력해 보인다
다 컸구나
엄마랑만 다녔던 아들이
친구랑만 간다니 아이참

어디서 어떤 시간 속에 하룻밤이 될지는 모른다
알려 하면 사랑이 아니라는 걸
지나친 간섭이라는 거야
그래서 전화도 참았다

울 대장은 늦은 밤까지
기어이 전화기 잡고
아빠의 사랑을 보여주었다

정성껏 최선을 다해
잘 키우고 싶은데
아들은 아니라 하네

얼마만큼이 사랑이며
얼마만큼이 간섭인가
여전히 난 아들이 품속 같은데…

아~ 빨래끝~

아들아, 빨래 좀 널어줄래?
아들은 탁탁 털어 반듯해지면
옷걸이에 걸어 너는 걸 잘합니다
물론 제가 하는 걸 보고 배운 거죠

앙~ 웬일이니 글쎄…
이어폰이 빨래랑 함께 널어주세요 하고 있네
큰아들이 주머니 속에 넣어 둔 이어폰을
난 함께 빨아버린 것이다

아들이 그 이어폰은 잘 들리고
귀에 끼울 때 편안해서 좋다고 했는데
아뿔사, 어쩐담…

종규랑 난 잠시 마주보고 쓴 웃음을 지었다
엄마, 이어폰 함께 빨아 살림살이 좀 나아지셨습니까~
아들은 유머를 흉내 내며 놀리고
난 미안함에 웃고…

하지만 정말이지 기적이 일어난 거야
살살 다시 연결해 보니까 고장이 안 난 거야.
와, 신기하다 그치 그치…

기분이 묘한 것이 너무나 좋더라구
음악을 그래서 더 크게 들었어요…
꽝꽝꽝~ 랄 라 라~

아~ 빨 래 끝~

오늘 한 건 했어요

오늘 한 건 했지요
어찌 보면 너무 시시하지만요
저에겐 유일한 행복인걸요

날마다 울 신랑 와이셔츠뿐만 아니라
양복바지 다림질하거든요
와이셔츠는 몇 장
몰아서 한꺼번에 세탁하니까
다림질할 때 그냥 그래요

하지만 바지 다릴 땐
왠지 댓가가 있어야 한답니다
나 혼자만의 행복한 댓가
그건 어쩌다 나오는 것이지만
오늘은 대박이었답니다

그건 말이죠 바지주머니에 2,500원 잔돈
간혹 7,500원도 있었지만요
그래도 그런 날은 호호 헤헤

오늘은 깨끗한 한 장 10,000원짜리가
고개를 내미네요…
우리 대장님, 담배 사는 걸 깜박했나 봐요
오늘 한 건 한 거 맞죠?

회장님 사랑해요… 그 말은 차마 못했다

오늘은 시무식 있는 날
새로운 한 해를 맞아 회장님과 온 회사 직원과 함께
새로운 마음 다짐하고 행복한 마음 나누는 날

울 대장 마음이 바빠졌나 보다 전화벨이 난리다
어디쯤이니? 회장님 도착하시기 전에 와야지
거의 다 왔어요.

막 차에서 내리는데
많은 사람들이 쫘악 서 있네
금방 회장님이 도착하시려나 보다
시간은 잘 맞췄는데 일찍들 오셨나 보다

반가운 얼굴이 보인다
눈인사하며 자리에 앉았다
멀리 서 있는 울 대장은 회장님 기다리시나 보다

회장님 말씀, 서로서로 반갑게 인사, 건배 제의
케이크도 자르고 와인도 부딪히고
포부 결의 다짐 희망 메시지 주고받으며
박수치며 마음과 마음 무르익는 시간 속에

회장님은 어느덧 우리 테이블까지 오셨네
아이참 어쩌나 자주 못 뵈어 많이 죄송스럽구

감사함 표현 못해 송구스러운데…

하지만 더 큰 일이…
한 사람 한 사람에게 건배 제의
결국 나도 건배 제의 차례가 왔다

난 원채 심장도 약하고 누구 앞에서 말도 못하는데
준비도 없었단 말이지요
눈앞이 캄캄해졌지만 더듬거리며 용기 내어 건배 제의했죠

회장님~ 새해 복 많이 받으세요
이런 소중한 자리 만들어 주셔서 감사드립니다
늘 말씀 주시는 자신감 속에 처음의 마음
그 마음을 언제나 간직하며 열심히 뛰고 노력하며…

그러고는 버벅 버벅…
우리 비비큐 회사는 천년기업의 성공을 믿는답니다…
어머머, 또 버벅 버벅…
그 말이 그 말인 듯하고 도무지 생각이 안 나는 거야

하지만 끝마무리를 했다
마음과~ 몸과~ 목숨을~ 다하여…
그렇게 삼창 하고 끝났다

그 짧은 시간이 어떻게 지나갔는지 모르지만
회장님의 끄덕끄덕해 주시는 마음 하나에 금방

난 1년이 새롭게 다가왔다
응 열심히 살자, 아자아자!

어머머, 욕심내는 것 좀 봐
아예 내년엔 긴 작문을 준비해서
내 안의 향기로운 마음을 전하리라
꿈을 꾸고 있네

하지만
회장님, 사랑해요…
그 말은 차마 못했다…

감사의 말

감사드립니다. 그리고 사랑합니다.

하늘 별 그리고 땅, 넓은 세상 속에 콕 찍어 우리가 이렇게 마주하는 시간이 얼마나 소중한지 알게 되었습니다. 별이 빛나 반짝이는 걸 내 마음에 보여주는 푸른 하늘 바라보며 싱그런 미소를 머금게 하는 그 역시 얼마나 감사한 일인지 말입니다.

능숙하고 볼품 있는 모습의 글은 아니지만 느껴지는 마음, 순수 하나, 감정 한 조각, 내 살아가는 시간들을 긁적거린 낙서가 삐꼼 고개를 들고 인사하게 되었습니다. 부끄럽지만 예쁘게 그대 받아주세요.

많은 지인님들께 지면으로나마 작은 감사의 마음을 표현할 수 있다는 것이 기쁨이 되어 다가옵니다.

저는 사이버상의 작은 공간 〈사계절 향기 가득〉 카페를 운영하는 카페지기 '예쁜생각'입니다. 부족한 저의 글을 나누고, 진실된 마음 나누고, 하나 둘 시간 엮어 이렇게 아름다운 모습이 될 수 있게 해 주신 카페 운영진 및 회원님들께 깊이 감사드립니다.

아, 저의 마음엔 언제나 꺼지지 않는 등불 하나 있답니다.

존경하는 윤홍근 회장님! 어려운 시간들을 곱게 엮어주시고, 꿈과 비전을 몸소 보여주신 회장님께 감사드립니다. 사랑 가득한 음성으로 '허 실장~' 하고 불러주시면 저의 가슴은 얼마나 행복한지 모른답니다. 또한 따뜻하신 마음으로 격려와 사랑을 특별히 저에게 듬뿍 주셨지요. 저 역시 회장님을 존경하며 가슴 가득 사랑합니다.

회장님, 언제나 건강하시고 행복하시길 빕니다.

"엄마, 뭐해? 또 컴이야, 앙~"
컴퓨터 앞에서 글 쓰는 시간들이 아이들은 싫었던 모양입니다. 그럼에도 아이들은 누구보다 든든한 저의 후원자랍니다.
간혹 커피 한잔 타 주면서, "엄마, 음악이 좋아요~ 오늘의 시는 뭐예요? 이러니까 우리 엄마 꼭 시인 같아요~"
"어머머, 시인은 무슨… 큰일 날 소리를 하는구나…."
창피해서 얼굴은 붉어졌지만 엄마로서 그 시간이 얼마나 행복했는지 모릅니다. 그 누구보다 엄마 마음을 가장 잘 알아주는 듯해서 말이지요.
아들들아! 엄마를 이해해 주어서 정말 고맙다.

그리고… 아시죠? 그래요, 나의 대장님(신랑)께 마음 깊이 감사드려요. 언제나 나의 시간들을 아낌없이 신뢰하고 이해하며 격려로써 여기까지 올 수 있게 만들어 준 것에 대해 다시 한 번 감사드립니다.
"시집 만들어 줄까?"라는 말을 듣는 순간, 전 얼마나 가슴이 뛰었는지 몰라요. 난 그냥 낙서인데… 난 그냥 마음인데… 시집 낼 정도의 수준은 아닌데…라고 생각했지요. 그러면서 추억을 만들어 주겠다는 당신의 마음으로 인해 우리들의 살아온 날들이 아련하게 스쳐 지나갔어요.
아, 이 사람이 날… 이렇게 사랑해 주는구나. 나 정말이지 행복한 사람이구나…. 고마워요, 당신! 저에게 이렇게 행복함을 안겨주셔서….
그 순간 기쁨에 겨워 울컥 하며 갑자기 돌아가신 아버지가 보고 싶어졌습니다.
'아버지… 아버지도 많이 기쁘시죠?'

시집을 낸다고 다시금 펼쳐보는 시간… 거슬러 올라가 그 글들은 다시 보니 너무나 유치했습니다.

사랑하는 사람에게 보내려고 밤새 편지를 썼다가 다음날 읽어보곤 부치지 못하게 되는 마음처럼… 시집을 낼 용기가 나질 않았습니다.

그때 내 마음을 읽은 친구가,

"유명하신 분들도 늘 아쉬움이 남는다고 하잖아! 하지만 용기를 내봐, 넌 주부잖아…. 처음이고, 네 글은 꾸밈없이 그 순간의 느낌을 주는 게 좋아. 그러니까 네가 좀 더 당당해졌으면 좋겠다…."

용기와 격려를 아끼지 않은 친구 김혜원, 박석희, 그리고 '숙녀회' 분들, 더불어 저를 아껴주시고 사랑해 주시는 모든 분들께 진심으로 감사드립니다.

나는 당신을 지금까지 사랑했고,
여전히 사랑하며,
앞으로도 사랑하겠습니다.

— 허재옥